Joachim Zech

Vogelhäuschen, Nistkästen, Vogeltränken

mit Plänen und Anleitungen zum Selbstbau

FALKEN BÜCHEREI

Inhalt

Beachten Sie bitte auch den im Falken-Verlag erschienenen Titel zum Thema Ökologie: „Falken-Handbuch Umweltschutz — Das Öko-Testbuch zur Eigeninitiative" (Nr. 4160)

ISBN 3 8068 0695 0

Titelbild: Joachim Zech.
Fotos: Joachim Zech, Heinz Schrempp, Reinhard, Tierfoto
Zeichnungen: Gabi Grübl, Ursula Grawert

Satz: Dinges+Frick, Wiesbaden
Gesamtherstellung: Falken-Verlag GmbH, D-6272 Niedernhausen/Ts.

817 2635 44

Vogelschutz im Garten

Gärten leben nicht nur durch ihre Pflanzen, die in artenreicher Zahl den Menschen mit Farbenpracht und Formenreichtum erfreuen, sondern auch durch die Tierwelt, die hier ein Zuhause gefunden hat. Vor allem die Vögel sind es, die jeden Naturfreund mit ihren Bewegungen, ihrem Gesang oder mit ihrem farbenprächtigen Gefieder begeistern. Das Beobachten dieser reizvollen Tiergattung bietet Erholung und Entspannung; und wer einmal ein Vogelpaar bei der Aufzucht ihrer Jungen belauscht hat, wird bestimmt bemüht sein, daß die verschiedenen Vogelarten das ganze Jahr über Nahrung und Wohnung finden.

Wenn man ein wenig handwerkliches Geschick mitbringt, macht es außerdem Freude, die Nist-, Futter- und Badeplätze für die gefiederten Gäste selbst herzustellen.

Dekoratives Futterhäuschen und Vogeltränke im Birkenstamm.

Für den Laien ist es dabei wichtig zu wissen, daß die Vögel, für die man Nistkästen bauen kann, je nach Art spezielle Nistgelegenheiten bevorzugen. So werden Höhlenbrüter (Meisen, Kleiber, Trauerfliegenschnäpper und Gartenrotschwanz) nie in den Brutplätzen von Halbhöhlenbrütern (Hausrotschwanz, Bachstelze, Grauer Fliegenschnäpper) nisten oder umgekehrt. Auch die Nistkastengröße und die Größe des Flugloches spielen bei der Brutplatzwahl eine wichtige Rolle.

Nistkästen, Futterhäuser und Vogelbäder geben dem Garten und auch dem Haus eine besonders behagliche Atmosphäre und dem Erbauer das Erfolgserlebnis, für die bedrohte Natur etwas getan zu haben.

Oft sind Futterhäuser das I-Tüpfelchen einer reizvoll gestalteten Gartenecke, und sie beleben den Garten. In der Nähe der Nistkästen gibt es nicht nur zur Brutzeit immer wieder etwas zu sehen, sondern auch in der übrigen Zeit, da viele Vogelarten in diesen Kästen das ganze Jahr übernachten. Ein Vogelbad, das gleichzeitig als Trinkmöglichkeit dient, wird bis auf einige Wochen oder Monate im Winter, wenn das Wasser zu Eis gefriert, immer stark besucht.

Auch andere Tierarten fühlen sich durch diese Futter- und Übernachtungsmöglichkeiten angezogen. So manches Eichhörnchen holt sich Nüsse oder Sonnenblumenkerne vom Futterhaus, und am größeren Vogelbad finden sich Schmetterlinge, Libellen, Amphibien, Igel und andere Tiere ein.

In größeren Nistkästen zieht so mancher Gartenschläfer seine Nachkommenschaft groß. Manchmal übernachten oder überwintern auch die nur noch selten anzutreffenden Fledermäuse in diesen Unterkünften, da die Schlafstätten für diese Höhlenbewohner in der Natur rar geworden sind. Alle Fledermausarten sind bestandsbedroht, da die natürlichen Schlaf-, Überwinterungs- und Aufzuchtsplätze (Höhlen in alten Bäumen oder Felsen) fehlen. Hier kann man durch Aufhängung von Meisenkästen mit 32 mm Fluglochweite in 3–4 m Höhe an Park- und Waldlichtungen (freier Anflug) Abhilfe schaffen.

Auch die Zahl der im eigenen Garten brütenden Vogelarten läßt sich schnell vervielfachen, wenn man sich ein paar Kenntnisse über das Brutverhalten der verschiedenen Vögel aneignet. Beispielsweise darf man auf kleinstem Raum nicht nur eine Nistkastenart aufhängen, da die Vögel einen Mindestbrutbereich brauchen und diesen gegen die gleiche Art verteidigen. Spatzen machen da eine Ausnahme.

Vogelschutz am Haus

Auch direkt am Haus läßt sich ein wirksamer Vogelschutz mit vielfältigen Möglichkeiten betreiben. Schon ein Futterhaus am Fenster erfüllt den gleichen Zweck wie das im Garten und lockt die gleichen Vogelarten an. Auf Terrassen und Balkonen lassen sich ebenfalls Futtergeräte anbringen oder aufstellen, an denen man im Winter, von der warmen Stube aus, seine gefiederten Freunde beobachten kann. Futterhölzer oder Futterglocken benötigen nur ganz wenig Platz. Vogeltränken aus Birkenholz oder Stein ziehen auch auf dem Balkon alle Vogelarten an, die man im Garten vorfindet.

Nistkästen, die an Hauswänden oder im Schutze von Terrassen und Balkonen angebracht werden, sind für die Vögel meistens sogar sicherer als im Garten, wo vor allem Katzen oft auf Vögel lauern oder bei Halbhöhlen die ganze Brut herausnehmen. Für Schwalben und Mauersegler kommen ohnehin nur Standorte am Haus, unter Toreinfahrten oder unterm Dach in Frage.

Bei einem Vogelhaus in der Nähe des Fensters kann man die gefiederten Freunde gut beobachten.

Die meisten Vogelarten beziehen nie *irgendwelche* Behausungen an Bäumen oder Sträuchern. Kastenform, Aufhängehöhe, Aufhängerichtung und Standort spielen eine wichtige Rolle und werden deshalb im nächsten Kapitel genau beschrieben. Gerade am Haus werden alle Vogelarten (Höhlen- und Halbhöhlenbrüter) sehr zutraulich und nehmen auch gelegentliche Störungen (beim Brutgeschäft) nicht übel.

Man sollte aber während der Brutzeit seine Neugier zügeln und ebenfalls die Kinder daran hindern, die Kästen aufzumachen und nach den Eiern zu sehen. Sobald die Kleinen ausgeschlüpft sind, kann man schon einmal nach dem Rechten sehen. Auch wenn Jungvögel kurz berührt werden, nehmen dies die Vogeleltern nicht übel. Vogelkinder, die aus dem Nest fallen — vor allem bei Halbhöhlenbrütern kommt das ab und zu vor — kann man deshalb ohne Bedenken wieder in das Nest zurücksetzen. Sie werden sofort weitergefüttert. Bei Mauerseglern, die unter Ziegeln oder anderen Verstecken in Dächern hoher Häuser in den Städten brüten, muß man folgendes beachten:

Ein Mauersegler, ob Jung- oder Altvogel, der am Boden liegt, kann sich wegen der überlangen Flügel nicht selbst vom Boden erheben. Deshalb wirft man Altvögel oder flügge gewordene Jungvögel in die Luft. Flugunfähige Junge füttert man solange mit Tartar, Magerquark, Ameisenpuppen und Karottensaft, bis sie flugfähig sind, da man die Nistplätze in den Dächern meist nicht finden oder erreichen kann. Schwalben dagegen setzt man immer in die natürlichen oder künstlichen Nester zurück.

Vogelschutz in der Natur

So wichtig Vogelschutz im Garten und am Haus ist, noch wichtiger wäre es, für die Vogel- und Tierwelt in der Natur durch Anbringen von Nistkästen und Futterstellen zu sorgen.

Vor allem sind Vogelarten, die in Höhlen brüten, stark bedroht, da ihnen die natürlichen Nistplätze in alten Bäumen inzwischen durch die Abholzung fehlen. Das gleiche gilt für Fledermäuse, deren Bestand aus denselben Gründen drastisch zurückgegangen ist. Engagierte Vogel- und Naturschützer versuchen hier zwar zu retten, was noch zu retten ist; aber diese Arbeit ist ein Tropfen auf einen heißen Stein. Dabei kann jeder, dem der Rückgang vieler Vogel- und Tierarten nicht gleichgültig ist, durch Eigeninitiative mithelfen, eine artenreiche Vogel- und Tierwelt zu erhalten. Jeder Bürger ist berechtigt, im Wald, im Feld, auf Brachflächen und Wiesen Naturschutz zu betreiben. Zweckmäßigerweise sollte das in Zusammenarbeit mit sachkundigen oder verantwortlichen Personen (Vogelkundlern, Vogelschützern, Förstern, Jägern, Feldhütern) oder Institutionen (Vogel- und Tierschutzvereine, Landespflegebehörden) geschehen. Die in diesem Buch aufgezeigten Möglichkeiten kann der Naturfreund auch draußen in der Natur einsetzen, um bedrohten Vogelarten bei der Brutplatz- oder Nahrungsbeschaffung zu helfen.

Die selten gerwordenen Fledermäuse benötigen Nisthilfen, um ihren Bestand zu sichern.

Auch in der Natur sollte für Vogelschutz gesorgt werden

Anbringung der Nistkästen

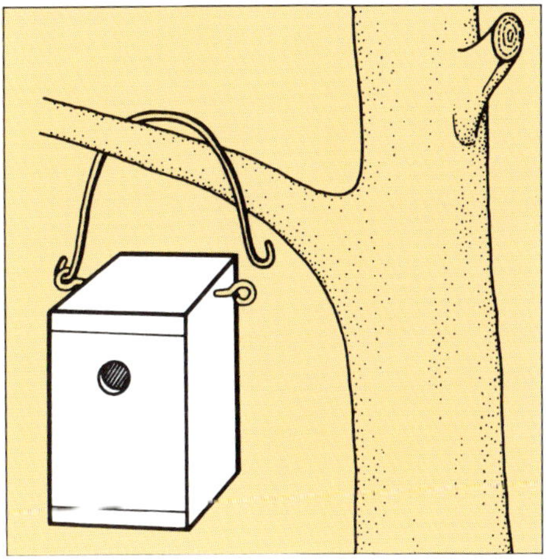

Die schonenste Methode für den Baum: Der Nistkasten wird an einem Drahtbügel aufgehängt.

Aufhängung von Nistkästen in Augenhöhe.

Standorte

Zum Anbringen von Nistkästen eignen sich am besten ältere Bäume. Bei Jungbäumen kann es zu Schädigungen an der Rinde oder des Holzteils kommen, wenn man die Nistkästen nicht fachgerecht anbringt. Bei Nisthöhlen, die an die Bäume genagelt werden sollen, empfiehlt es sich, Zinknägel zu benutzen, die später nicht rosten und für die Bäume verträglicher sind. Die Methode, die den Baum am meisten schont, ist das Aufhängen an einem Drahtbügel, den man über einen Ast in passender Höhe legt und dann am Kasten wieder einhängt.

Über die Zahl der aufzuhängenden Nistkästen wird in Vogelschutzkreisen immer noch heftig diskutiert. In kleineren Gärten (bis zu 400 m^2) reichen 4–5 Nistkästen absolut aus. Viel wichtiger ist, daß man verschiedene Nistkastentypen aufhängt, um möglichst vielen Vogelarten unter den Höhlen- und Halbhöhlenbrütern Brut- und Schlafmöglichkeiten zu bieten.

Es kommt oft vor, daß auch in kleineren Gärten 2 oder 3 verschiedene Meisenarten, also z.B. Kohlmeise, Blaumeise und Sumpfmeise brüten. 2 Kohlmeisenpärchen aber vertragen sich nicht auf engstem Raum, da jede Vogelart ihr Brutrevier verteidigt.

Aufhängung von Nistkästen in Höhen von 2,8 bis 3,5 Meter.

Auch an Häusern, Garagen, Mauern und Lichtmasten kann man Nistkästchen anbringen. Wenn man genügend Platz hat, sollten im Garten schon Abstände von 5–10 m zwischen den einzelnen Standorten der Kästen liegen, damit die Vögel sich nicht gegenseitig stören. Natürlich gibt es auch Fälle, wo 2 Vogelarten, z.B. Kohlmeise und Hausrotschwanz, wenige Meter nebeneinander an derselben Hauswand oder am gleichen Baum die Nistkästen beziehen. In Parks oder am Waldrand reicht es, wenn alle 30–50 m ein Nistkasten aufgehängt wird. Alle Vögel lieben freien Anflug; deshalb darf man die Behausungen nie in Dickichte oder in dicht verzweigte Bäume hängen.

Aufhängezeit

Zum Aufhängen der Nistkästen eignet sich das zeitige Frühjahr (Anfang bis Mitte März) am besten. Meisenkästen kann man auch schon im Spätherbst oder im Laufe des Winters anbringen, da diese Vogelart über Winter die Kästen gern als Schlafplatz benutzt. Allerdings beziehen im Frühjahr gewöhnlich vor allem Haus- und Feldspatzen diese Winterquartiere. Auch durch wiederholtes Hinauswerfen der Spatzennester lassen sie sich nicht vertreiben.

Wenn Spatzen in der Überzahl anderen Vogelarten, vor allem Kleinmeisen, die Kästen streitig machen, sollte man folgenden Trick versuchen: Man hängt Meisenkästen zusätzlich erst Anfang April auf! Dann haben die Sperlinge schon ihre Brutplätze bezogen und sind eifrig beim Brutgeschäft. Die Meisen, die noch auf der Suche sind, beziehen dann sofort (bis Mitte April) die neuangebotenen Nistgelegenheiten.

Aufhängehöhe

Auch die Aufhängehöhe ist standortabhängig. In Gärten oder in ruhigen Park- und Waldgegenden kann man die Nistkästen in Augenhöhe anbringen. Im eigenen Garten sollten allerdings dann die Kinder während der Brutzeit angehalten werden, nicht direkt in der Nähe der brütenden oder fütternden Vögel zu spielen. Wenn Störungen nicht ausgeschlossen werden können, hängt man die Kästen in einer Höhe von 2,8–3,5 m auf. Die Kontrolle oder die Reinigung kann dann mit einer Leiter erfolgen, oder man baut sich eine Gabelstange, mit der man die Kästen auf- und abhängen kann. Dieses Hilfsgerät ist auch im Fachhandel erhältlich. Nistgelegenheiten für Schwalben, Mauersegler, Falken, Eulen und Käuze verlangen bei der Standortwahl und der Aufhängehöhe besondere artenspezifische Kenntnisse, die unter den einzelnen Rubriken genau beschrieben sind.

Aufhängerichtung

Über die Aufhängerichtung läßt sich nicht streiten. Da die Hauptwindrichtung und damit auch die Schlechtwetterrichtung Nordwest ist, sollten alle Nistkästen mit dem Flugloch nach Süden oder Südosten zeigen. So sind die Bruten am besten gegen Regenschauer geschützt.

Unter Terrassendächern, in Balkonnischen oder Loggias kann man zur Not die Kästen auch mit von Südost abweichender Richtung aufhängen. In diesen Fällen ist aber darauf zu achten, daß die Kästen vom Regen nicht erreicht werden.

Auch während der Brutzeit lassen sich alle Vogelarten vorsichtig einige Meter umquartieren, ohne daß das Gelege oder die Jungen verlassen werden. Im Falle einer Bedrohung der Vogelfamilie durch Katzen ist es ratsam, lieber den Standort oder die Augenhöhe des Nistkastens zu wechseln, als den Katzen Gelegenheit zu geben, die Brut zu vernichten. Über Möglichkeiten, wie diese Vogelfeinde abzuwehren sind, wird unter »Marder- und Katzensicherung« ausreichend berichtet.

Werkzeuge für den Bau

Werkzeuge für den Bau von Nistkästen und Futterhäusern.

Nistkästen und Futterhäuser lassen sich mit den einfachsten Werkzeugen bauen, die normalerweise in jedem Haushalt zu finden sind. Säge, Hammer, Zange und Schraubenzieher reichen aus, um sich ans Werk zu machen. Damit man die Teile gut bearbeiten kann, sollte man sich noch einen mittelgroßen Schraubstock zulegen, der an jeder Tischkante befestigt werden kann. Auch eine Lochsäge gehört eigentlich noch dazu, da das Ausstanzen der Löcher ohne dieses Werkzeug zu mühselig ist. Selbstverständlich lassen sich alle Bretter mit einer elektrischen Kreissäge müheloser und oft auch genauer zuschneiden; aber das ist schon etwas für versierte Bastler. Ein Hobel ist nicht unbedingt notwendig, da man Sperrholzteile oder Spanplatten ohnehin schon glatt verarbeitet kaufen kann. Innenteile für Nistkästen, vor allem die Vorderwand, sollten sogar aufgerauht werden, damit die Jungvögel beim Hochklettern zum Flugloch weniger Mühe haben.

Zubehör

Holz ist natürlich das wichtigste Material. Am besten eignet sich von der Bearbeitung her Tanne oder Fichte. Auch Kiefer kann Verwendung finden, ist aber von der Haltbarkeit nicht immer optimal. Die Stärke der Bretter oder des Materials schwankt zwischen 15–20 mm, wobei 20 mm für größere Nistkästen oder Futterhäuser unumgänglich sind.

Wer die Kosten nicht scheut oder günstig an wasserfest verleimtes Sperrholz oder Spanplatten herankommt, sollte dieses Material verwenden. Haltbarkeit und Formbeständigkeit sind dadurch wesentlich verbessert.

Zum Schutze von Futterhaus- und Nistkastendächern ist Teerpappe unerläßlich. Diese wird mit sogenannten »Pappnägeln« oder mit dem Tacker (Apparat, mit dem Krampen eingeschlossen werden) befestigt. Nägel (40 mm) und wasserfester Leim (z.B. Propellerleim) gehören ebenfalls dazu, um die Teile miteinander zu verbinden.

Metallösen zum Aufhängen der Kästen, der Futterhäuser und -hölzer vervollständigen die Liste. Bei Drahtaufhängung wird 2,8–3,1 mm starker Zinkdraht verwendet.

Meisenkasten

geeignet für Kohl-, Blau-, Tannen-, Hauben- und Sumpfmeise, Trauerfliegenschnäpper, Gartenrotschwanz, Kleiber, Haus- und Feldsperling, Fledermaus

Höhe: 230–260 mm
Breite: 160 mm
Tiefe (Länge): 140 mm
Fluglochdurchmesser: 32 mm

Meisenkasten.

Zunächst stellt man sich alle Holzteile entweder aus Fichten- oder Tannenholzbrettern, 10–15 mm Stärke, oder aus wasserfest verleimtem Sperrholz beziehungsweise Spanplatten, Typ V 100 (20 mm), her. Kästen aus diesen Hölzern halten etwa 5–7 Jahre, während Kästen aus Spanplatten-V-100 länger als 10 Jahre haltbar sind. Natürlich spielt auch die Standortfrage bei der Lebensdauer eine entscheidende Rolle.

Das Einflugloch ist in der Regel rund, für Gartenrotschwänze ist eine ovale Form günstiger.

Zur Montage der einzelnen Wände bestreicht man die zu leimenden Flächen mit wasserfestem Leim (Propellerleim), setzt sie aufeinander und nagelt sie zu-

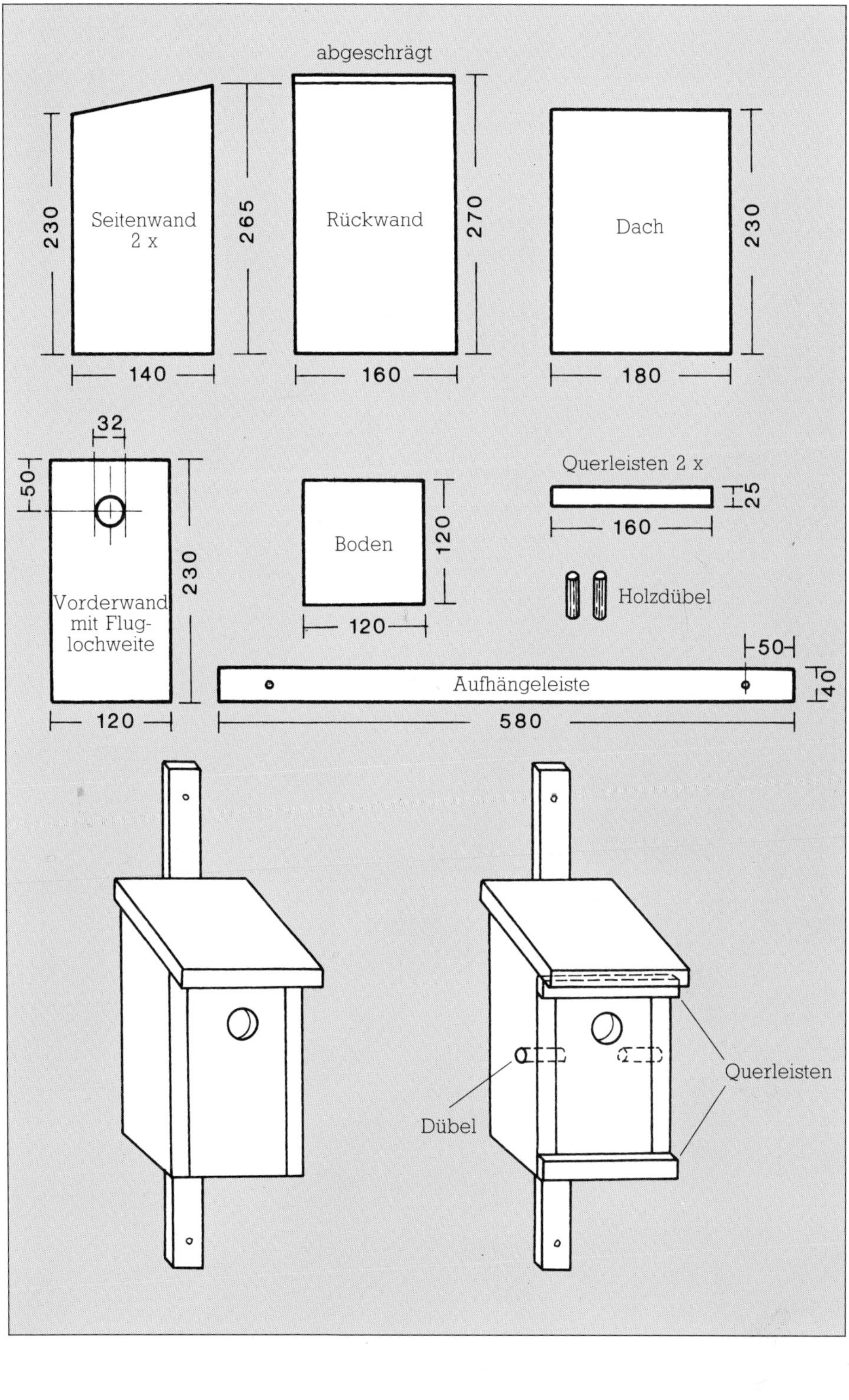
abgeschrägt
Seitenwand
2 x
230
140
265
Rückwand
270
160
Dach
230
180
32
50
Vorderwand
mit Flug-
lochweite
230
120
Boden
120
120
Querleisten 2 x
25
160
Holzdübel
50
Aufhängeleiste
40
580
Dübel
Querleisten

sätzlich mit 40 mm langen Nägeln fest. Wer einen Schußapparat besitzt, kann natürlich wesentlich schneller die Krampen eindrücken.

Bei Kästen, die sich zum Säubern und Kontrollieren öffnen lassen sollen, nagelt man, nachdem man Rückwand und die Seitenwände auf das Bodenbrett montiert hat, oben und unten an die Vorderkanten der Seitenwände je eine Leiste

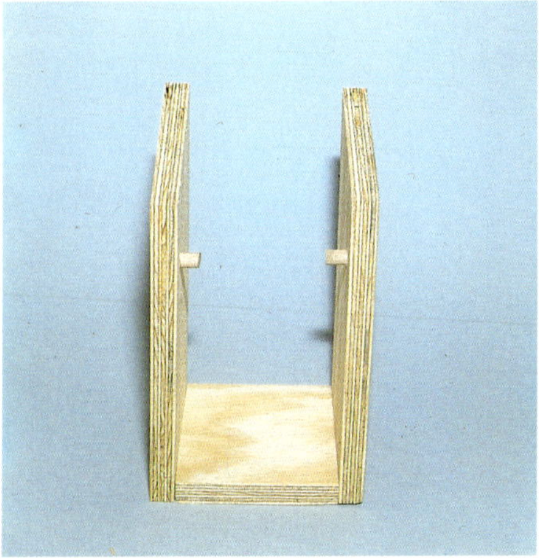

Zuerst werden die Seitenteile an das Bodenbrett angebracht.

Danach wird die Rückwand befestigt.

von etwa 25—30 mm Höhe, die mit der Außenkante der Seitenwände bündig ist.

Danach setzt man 2 Holzdübel in die Seitenwände ein, damit die Vorderwand eine Führung bekommt und nicht in den Innenraum fallen kann. Die Holzdübel werden ungefähr 30 mm unter der oberen Querleiste so gesetzt, daß sie von der Vorderkante der Seitenwände etwa 2 mm weiter entfernt sitzen als die Stärke der Vorderwand, also bei 20 mm Wandstärke etwa 22 mm. Die Holzdübel sollen, damit sie die Führung der Vorderwand übernehmen können, ungefähr 10 mm auf beiden Seiten in den Innenraum hineinragen.

Anschließend wird das Dach aufmontiert und mit Teerpappe geschützt. Plastikmaterial kann auch verwendet werden, ist aber nicht so haltbar, da es nach einigen Jahren an den Nagelstellen einreißt und dann schnell verwittert.

Zur Verschönerung kann man die Kästen außen mit dem Lötkolben flämmen oder mit brauner oder grüner wasserfester Farbe anstreichen.

Zum Aufhängen montiert man entweder eine Holzleiste an die Rückwand, die oben und unten übersteht, oder besser am Dach Metallösen.

Anschließend wird das Dach aufgeleimt, und die Querbrettchen werden aufgenagelt.

Kleinmeisenkasten

geeignet für Blau-, Sumpf-, Tannen-, Haubenmeise und Feldsperling

Höhe: 230–260 mm
Breite: 160 mm
Tiefe (Länge): 140 mm
Fluglochdurchmesser: 26 mm

Der Kleinmeisenkasten hat den gleichen Innenraum wie der normale Meisenkasten. Durch das kleinere Einflugloch paßt die Kohlmeise aber nicht hinein. Das gleiche gilt in den meisten Fällen für den Haussperling. Sein kleinerer Verwandter, der Feldsperling, zwängt sich öfter durch die kleinere Öffnung.

Die Beschaffung von Wohnraum für diese sogenannten „Kleinmeisen" ist sehr wichtig, da diese Meisenarten beim Kampf um die natürlichen Bruthöhlen in der Natur gegenüber Spatzen und Kohlmeisen immer den kürzeren ziehen.

Bei längeren Regenperioden sind die Kleinmeisen oft nicht imstande, ihre Jungen mit Futter zu versorgen. In solchen Notfällen eignet sich während der Brutzeit das Füttern mit kleingehackten Nüssen in Kastennähe.

Kleinmeisenkasten.

Halbhöhle

geeignet für Hausrotschwanz, Grauer Fliegenschnäpper, Bachstelze, Amsel

Höhe: 165 mm
Breite: 150 mm
Länge (Tiefe): 120 mm
Einflugöffnung: 50 mm durchgehend

Halbhöhlen haben eine größere Öffnung an der Vorderseite, da die Bewohner sich nur sicher fühlen, wenn sie beim Brutgeschäft oder bei der Anzucht der Jungen ihre Umgebung genau beobachten können. Das Dach sollte wie auf dem Foto nach vorne geneigt sein, um die Bewohner besser gegen Wind und Wetter zu schützen. Aus dem gleichen Grund sollte es an den Seiten und vorne jeweils mehrere Zentimeter überstehen. Die Vogelarten, die hier brüten, brüten grundsätzlich mehrmals im Jahr. Da die Vögel ungern das neue Nest auf das alte bauen, empfiehlt es sich, nach der Brut die alten Nester zu entfernen.

Halbhöhle.

Schlitzkasten

geeignet für Garten- und Waldbaumläufer, Blau-, Sumpf-, Tannen- und Haubenmeisen

Höhe: 230–260 mm
Breite: 160 mm
Tiefe (Länge): 140 mm
Schlitzbreite: 20 mm
Schlitzhöhe: 50 mm

Schlitzkasten.

Wer im Garten, in Obstanlagen oder Parks für Kleinmeisen und Baumläufer eine garantiert »spatzensichere« Behausung zur Verfügung stellen will, sollte einen Schlitzkasten bauen. In diesen schmalen Spalt können sich selbst Feldsperlinge nicht hineinzwängen, während die obengenannten Vogelarten ungehindert ein- und ausfliegen. Speziell für den Baumläufer muß der Kasten so aufgehängt werden, daß der Schlitz an der Stammseite sitzt. Schlitzkästen hängt man immer direkt am Stamm eines dicken Baumes auf. Katzen oder Marder können nicht mit der Pfote durch den schmalen Schlitz langen und somit die Bewohner nicht gefährden. Um die Brut vor Regen zu schützen, sollte man bei dieser Nistkastenart genau darauf achten, daß der Schlitz nach Südosten zeigt.

Starenkasten

auch geeignet für Kleiber und Wiederhopf

Höhe: 250–300 mm
Breite: 160–200 mm
Tiefe (Länge): 160–200 mm
Fluglochdurchmesser: 45 mm

Nistkasten für Stare.

Der Nistkasten sollte nicht nur ein größeres Flugloch als bei Meisenkästen aufweisen, sondern auch mehr Platz bieten. Stare bauen größere Nester und benötigen mehr Wohnraum. Während man Meisenkästen meistens an Baumstämmen oder an Häuserwänden anbringt, kann man Starenkästen auch mit Hilfe einer Stange in größeren Höhen aufhängen. Diese Vogelart liebt den freien Anflug und bezieht Nistkästen in luftiger Höhe recht gern. Etwa 3 cm unter dem Flugloch sollte eine Sitzstange angebracht werden. Natürlich müssen auch Starenkästen jährlich gereinigt werden, da hier sonst Ungeziefer überwintert und die nachfolgende Brut gefährdet.

Stare sind sehr standorttreu und kehren schon im zeitigen Frühjahr zurück.

Rauchschwalben- und Mehlschwalben-Kunstnester

Der Bau von künstlichen Schwalbennestern ist schon etwas für passionierte Bastler. Zunächst muß man sich eine Form aus Zement oder Ton modellieren, die gut faustgroß und halbkugelig gestaltet wird. Der Durchmesser dieser Halbkugel sollte 100—125 mm betragen, damit später genügend Platz im Nest ist. An dieser Halbkugel formt man bei der Verwendung als Mehlschwalbennest an der nach unten gekehrten Seite einen halsförmigen Trichter, der später bei der Umkleidung mit dem Material aus der Masse herausragt. Dieser »Hals« bildet beim Mehlschwalbennest das Einflugloch. Das Einflugloch sollte ein Halboval darstellen mit den Maßen 65 mm Länge und 25 mm Höhe. Bei Rauchschwalben-Formen entfällt dieser Hals, da ja kein Einflugloch benötigt wird.

Wenn die Form hart ist, fertigt man eine Mischung aus zerriebenem Styropor und Zement (1:2), gibt Wasser dazu, bis das Gemisch knetbar ist, und streicht zunächst ungefähr 10 mm auf die Form. Dann wird darauf ein passendes Stück Gardinenstoff oder ähnliches gelegt und anschließend nochmals etwa 10 mm Mischung aufgetragen. Nachdem alles trocken und fest ist, löst man die Form heraus, und die Kunstnester sind fertig.

Das Mehlschwalbennest wird direkt in den Winkel genagelt, den man vorher aus 2 rechtwinkelig zueinander stehenden Spanplatten gebaut hat. Sitzt das Nest nicht bündig, dichtet man den Spalt mit Lehm oder Fixband ab.

Das Rauchschwalbennest wird auf eine einfache Spanplatte genagelt.

Rauchschwalbennester werden in Ställen oder unter Toreinfahrten angebracht; Mehlschwalbennester dagegen immer unter dem Dach von höheren Häusern. Damit die Schwalben die Wände nicht verschmutzen, kann man sogenannte Schwalbenkotbretter unter den Nestern anbringen. Diese Bretter sollten mindestens 200 mm breit sein und werden mit Lochbändern, die an die Dachsparren genagelt werden, befestigt.

Mehlschwalben-Kunstnester.

Rauchschwalben-Kunstnest.

Wasseramselkasten

auch geeignet für Gebirgsbachstelzen und Mauersegler

Höhe: 160 mm
Breite: 200 mm
Tiefe: 180 mm
Querbrett Vorderwand: 40 mm

In Gebirgsgegenden mit noch klaren Bächen und Flüssen kann man für diese seltene Vogelart, der Wasseramseln, Nistmöglichkeiten schaffen, da durch die Regulierung von Bächen und dem gleichzeitigen Betonieren der Flußufer die natürlichen Brutplätze dieser Vögel vernichtet wurden. So ist es dem Vogelfreund möglich, durch Aufhängen von Nistkästen unter Brücken die Zahl der Brutpaare langsam aber sicher zu erhöhen. Unter neueren Betonbrücken kann man sogar auf Dach und Rückwand des Kastens verzichten; bei älteren Brücken sind Dach und Rückwand zum Abhalten von Tropfwasser oder Gemäuerfeuchtigkeit notwendig.

Zum Anbringen nagelt man an die Rückwand oder an beide Seitenwände eine genügend starke Querleiste und versieht diese an den Enden mit Bohrlöchern. In den meisten Fällen wird man die Löcher für Dübel und Schrauben mit dem Steinbohrer bohren müssen, da auch mit Stahlnägeln das harte Mauerwerk nicht zu überwinden ist.

Diese Nistkästen unter Brücken dienen in Randzonen von bergigen Gebieten auch der Gebirgsbachstelze als Brutplatz. Hängt man den Wasseramselkasten in Dachböden hoher Häuser, wird er vom Mauersegler als Niststätte angenommen.

Wasseramselkasten.

Turmfalkenkasten

Höhe: 300 mm
Breite: 450 mm
Tiefe (Länge): 250–300 mm
Einflugöffnung: 160 mm durchgehend

Für Vogelfreunde und Bastler, die am Rande von Ortschaften wohnen oder deren Grundstück an Parkanlagen grenzt, lohnt es sich durchaus, für den Turmfalken eine Nistmöglichkeit zu bauen. Versuche von Vogelschutzvereinen beweisen, daß solche Turmfalkenkästen sehr gern angenommen werden. Diese Kästen kann man an Obstbäumen, Dachgiebeln, hohen Mauern und Türmen befestigen. Eine Mindesthöhe von 6–8 m ist allerdings Voraussetzung für einen erfolgreichen Bezug.

Als Nistunterlage sollte man eine 5 cm dicke Schicht aus Torf, Sägemehl oder dünnen Ästen einbringen. Auch diese Nistkästen müssen alle 2–3 Jahre gereinigt werden. Mit Teerpappe überzogene Obstkisten, die an der offenen Seite mit einem 140 mm hohen Querbrett versehen werden (damit Eier oder Junge nicht herausfallen), haben sich ebenfalls bewährt.

Auch die Turmfalkenkästen sind so anzubringen, daß die Einflugöffnung nach Südosten gerichtet ist. Wenn die Möglichkeit eines freien Anfluges besteht, sollte man die Kästen so anbringen, daß kein Ast oder Zweig den Anflug stört, da Turmfalken ihre Beute für die Jungvögel auch im Fluge abwerfen.

Turmfalkenkasten.

Schleiereulenkasten

Höhe: 500 mm
Breite: 500 mm
Tiefe (Länge): 1000 mm
Einflugöffnung: 200 mm hoch, 150 mm breit, an der rechten Seite der Vorderwand.

In Dörfern und an Stadtrandgebieten werden Schleiereulenkästen gern angenommen, da die Kirchtürme, in denen die Schleiereulen früher oft gebrütet haben, meistens durch Verdrahtung der Schallöcher (gegen Tauben) leider für

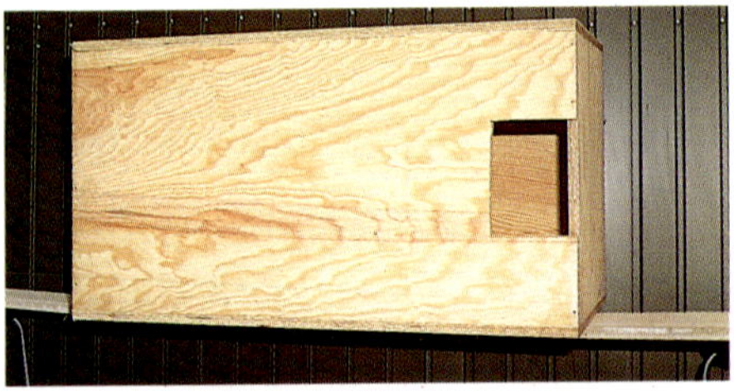

Schleiereulenkasten.

Eulen nicht mehr zur Verfügung stehen. Größere Scheunen, Dachböden oder sogar hohe Fabrikgebäude sind bevorzugter Platz für diese Vogelart.

Die Schleiereulenkästen müssen deshalb so groß gebaut werden, weil die 5–7 Jungvögel, bevor sie flügge sind, viel Platz benötigen.

Der Kasten selbst wird am besten an der dunkelsten Stelle innerhalb des Raumes angebracht. Erfahrene Vogelschützer ziehen sogar ein sogenanntes »Schattenbrett« direkt neben dem Einflugloch von halber Kastenlänge ein, um das die Eule auf dem Weg zum Brutplatz herumlaufen muß. Durch 2 Scharniere kann man den Deckel (oder die Rückwand) aufklappbar machen, damit man beim Reinigen des Kastens besser herankommt. Auch hier wird auf dem Kastenboden 5 cm Torf oder Sägemehl aufgebracht, damit das Gelege besser geschützt ist.

Waldkauzkasten

auch geeignet für Hohltaube und Wiederhopf

Höhe: 400 mm
Breite: 300 mm
Tiefe (Länge): 300 mm
Einflugloch: 130 mm

Auch der Waldkauz benötigt bei starkem Nachwuchs viel Platz. Diese Vogelart bevorzugt Wäldchen in der Feldflur, Parks oder größere Waldungen. Er meidet Stadt- oder Dorfzentren und ist auch dort nicht anzusiedeln. Das Einflugloch kann rund oder oval gestaltet werden. Die Aufhängehöhe richtet sich nach der Umgebung des Standortes. In dichtbepflanzten Parkanlagen, Waldungen oder Feldgehölzen kommt man mit einer Höhe von etwa 2–3 m aus. Wenn der Brutplatz unruhig liegt oder viele Spazierwege vorbeiführen, empfiehlt es sich, die Kästen versteckt und nicht unter 4 m aufzuhängen.

Waldkauz-Nistkasten.

Waldkäuze bevorzugen eine dicke Schicht verfaultes Holz, ersatzweise Torf oder Sägespäne in ungefähr 5–8 cm Stärke. Diese Schicht sollte alle 2–3 Jahre erneuert werden, da sich hier viele Ungeziefer und Fäulnispilze ansammeln.

Steinkauzröhre

Höhe: 160 mm
Breite: 160 mm
Tiefe (Länge): 1000 mm
Einflugloch: 80 mm

Zum Bau einer Steinkauzröhre besorgt man sich Holzleisten in den Maßen 12 x 25 x 100 mm oder alte Rolläden, die auf 2 Holzscheiben von 160 mm Durchmesser (Vorder- und Rückwand) genagelt werden.

In der Vorderwand befindet sich das Einschlupfloch von 80 mm Durchmesser. Die oberen Holzlatten können als Schutz gegen Witterungseinflüsse auch etwa 100 mm überstehen. In die hintere Holzscheibe sollte ebenfalls ein faustgroßes Loch gesägt werden, damit man besser kontrollieren und reinigen kann. Dieses Loch wird mit Teerpappe so übernagelt, daß es sich öffnen läßt. Gegen Verwitterung wird die ganze Röhre mit Teerpappe übernagelt. In den hinteren Teil der Röhre streut man eine 30–50 mm starke Schicht Torf oder Sägespäne.

Steinkauzröhren werden in einer Höhe von etwa 3–4 m waagerecht auf einem starken Ast mit 2 Drähten befestigt. Größere Obstgärten oder Baumbestände an Bachläufen sind die besten Plätze zum Anbringen. Für mardersichere Steinkauzröhren muß man zusätzlich 2 Hartholztrennwände mit versetzten Schlupflöchern und Luftlöchern einbauen.

Steinkauz-Nistkasten.

Marder- und Katzensicherung

Auch die sogenannten Höhlenbrüter unter den Vogelarten haben viele Feinde, die besonders den Jungvögeln in den Nistkästen, aber auch den Vogeleltern beim Füttern der Jungen oder beim Brutgeschäft auflauern. Dabei sind Marder wesentlich gewandter als Katzen. Um an die Vögel in den Kästen heranzukommen, strecken sie eine Vorderpfote so geschickt durch das Einflugloch, daß sie oft die im Nest befindlichen Jungvögel oder auch die Vogeleltern ohne Schwierigkeit aus dem Loch ziehen.

Um das zu verhindern, gibt es mehrere Möglichkeiten. Gut bewährt hat sich

Mardersicherer Kasten.

Mardersichere Nistkastenaufhängung.

das Aufstecken einer Röhre aus Hartgummi, Plastik oder Kunststoff auf das Flugloch. Selbstverständlich muß beim Einpassen das Flugloch so erweitert werden, daß der Innendurchmesser der Röhre 32 mm für Großmeisenkästen und 26 mm für Kleinmeisenkästen beträgt. Zur besseren Haltbarkeit sollten die Röhren mit einem wetterfesten Kleber an die Fluglochwände angeklebt werden.

Auch eine längere Aufhängung des Nistkastens bringt einen relativ sicheren Schutz.

Dazu wird ein Draht von mindestens 40 cm Länge mit einer Ösenschraube am Dach des Kastens befestigt und dann um einen Ast geschlungen. Marder und Katzen können sich schlecht an den frei hängenden und baumelnden Kästen halten und geben bald auf. Das Schwanken des Kastens macht den Vogelarten nichts aus. Gelegentlich meißeln Spechte die Fluglöcher auf. Der beste Schutz ist ein dünnes Blech rundherum oder ein aufgenagelter Maschendraht. Das Flugloch muß natürlich frei bleiben.

Nistkastenreinigung

Nistkastenreinigung.

Obwohl die Naturhöhlen in den Bäumen jedes Jahr auch ohne Reinigung von allen Höhlen- oder Halbhöhlenbrütern wieder benutzt werden, ist es doch sehr wichtig, daß man die Nistkästen 1- bis 2mal im Jahr reinigt. Die beste Zeit dazu ist der Spätsommer. Ab Ende August kann man unbedenklich diese Arbeit vornehmen, da die Zweit- und Drittbruten oder auch die Nachbruten dann ausgeflogen sind.

In Jahren mit langanhaltenden Regenfällen im Juni oder Juli passiert es öfter, daß vor allem Meisen ihre Jungen wegen Insektenmangels nicht durchbringen. Wenn also mehrere Tage nicht gefüttert wird, sollte man kontrollieren, ob die Jungvögel noch am Leben sind.

Ist ein Gelege verlassen oder findet man verhungerte Jungvögel, müssen die Nester mit Inhalt sofort entfernt werden. Oft bauen die Vogeleltern schon wenige Tage später das Nest für die Nachbrut.

Meisen und natürlich auch Spatzen benutzen die Kästen im Winter als Schlafplatz. Diese »Schlafnester« werden Anfang März ausgeräumt, damit Platz für die Brutnester da ist. Gegen Schädlinge

(Wanzen, Zecken, Milben) kann man die Nistkästen mit einem vogelunschädlichen Spray (in Tierhandlungen erhältlich) aussprühen und damit die nachfolgenden Bruten vor lästigen Peinigern schützen.

Nisthilfen

Nisthilfen für Rotkehlchen.

In Gärten und Parkanlagen sowie in Baum- und Strauchbeständen der freien Landschaft bieten sogenannte Nisthilfen vielen Vogelarten, die nicht in Höhlen brüten, gerne benutzte Brutmöglichkeiten.

Rotkehlchen, aber auch andere Bodenbrüter nisten nicht nur unter alten Baumstümpfen oder in Bodenmulden, sondern sehr gerne auch in Halbhöhlen am Boden, die man ihnen mit wenig Mitteln anbieten kann.

Gerade in Gärten, wo die natürlichen Nischen fehlen, haben sich ausgediente größere Blechdosen oder alte Farbtöpfe sehr gut bewährt. Grelle Farben kann man grün oder braun überstreichen. In die Behälter wird eine Laubschicht von 3–5 cm gelegt. Wenn Eimer mit einem größeren Durchmesser verwendet werden, kann man sie auch halb in den Boden eingraben.

Fehlt dichtes Unterholz in den Gärten, schafft man Nistmöglichkeiten durch Befestigen von Fichten oder Tannenzweigen an Baumstämmen, Pfählen oder an Dachrinnen neben Sträuchern.

Die Zweige werden unten und oben so zusammengebunden, daß in der Mitte ein Hohlraum von 15–20 cm Durchmesser entsteht. Zaunkönige, Schwanzmeisen, Amseln, Heckenbraunellen und andere Vogelarten beziehen diese Nisthilfen in 1–2 m Höhe gerne.

Größere Nisthilfen für Waldohreulen oder auch Turmfalken finden in der freien Landschaft oder in Parkanlagen Verwendung. Auf einem Weidengeflecht oder einer Unterlage aus Maschendraht werden 5 cm dünne Zweige aufgeschichtet und auf einem Ast direkt am Stamm in 4–5 m Höhe eines älteren Baumes befestigt. Vorgenannte Vogelarten, die selbst keine Nester bauen, sondern auch oft in alten Krähen- oder Elsternestern brüten, machen Gebrauch von diesen künstlichen Nestunterlagen. Die Schicht von Zweigen sollte in der Mitte eine kleine Mulde aufweisen.

Nisttasche für Zaunkönige und andere Kleinvogelarten.

Winterfütterung

Für Vogelfreunde und Bastler, die im Winter für ihre gefiederten Freunde etwas tun wollen, bietet sich hinreichend Gelegenheit. Die Vorbereitungen dazu sollte man aber nicht erst treffen, wenn der erste Schnee fällt.

Über die Notwendigkeit, den im Winter bei uns verweilenden Vogelarten durch Fütterungsmaßnahmen über den Winter zu helfen, wird bei sachkundigen Vogelschützern seit Jahren diskutiert. Fest steht, daß bei Schnee und Kälte die Fütterung durchaus ihren Sinn hat.

Die »natürliche Auslese«, von der die Gegner der Winterfütterung sprechen, ist durch Veränderungen der Umwelt und Natur schon längst zu einem für viele Vogelarten bestandbedrohenden Faktor geworden.

Die Natur kann große Ausfälle in harten Wintern bei der Vogelwelt nicht mehr ersetzen, so daß bestimmte Vögel in Notzeiten nur durch die Hilfe des Menschen in ihrem Bestand erhalten werden können; ganz zu schweigen von der Freude und der Erholung, den der Anblick der auch im Winter vielfältigen und farbenprächtigen Vogelwelt für die meisten Menschen bietet. Die Monate, die bei ungünstigen Witterungsverhältnissen für die Winterfütterung in Frage kommen, sind November bis Ende Februar. Im März sollte nur noch bei Kälteeinbrüchen gefüttert werden.

Wichtig ist, daß nie angesäuertes oder angegorenes Futter angeboten wird. Die Zahl der durch Salmonellen erkrankten Vögel steigt in solchen Fällen sehr schnell. Bei Minustemperaturen darf weder Wasser noch Obst gereicht werden, da beides zu Unterkühlungen führen kann. Brot und Wurst oder Fleischreste gehören ebensowenig in die Futterhäuser. Wenn Fett verwendet wird (siehe Futterhölzer), muß dieses salzlos sein.

Futterhäuser

Ein Platz, um Futterhäuser aufzustellen, anzubringen oder aufzuhängen, findet sich überall im Garten oder am Haus. Im Winter sind die Fütterplätze durch die futtersuchenden Vogelarten der Mittelpunkt eines jeden Grundstücks, im Sommer sind sie ebenfalls das Schmuckstück vor allem von kleineren Gärten oder Gartenecken.

Besonders schön sind Futterhäuser, wenn sie im Holz zur Umgebung passen. So sind Futterhäuser aus Birkenholz auf einem Birkenständer oft reizvoller Bestandteil in einem Heidegarten oder in einer Ziergräserecke. Auch vor Tannengruppen oder anderen Koniferen ist ein schmuckes Futterhaus nicht zu übersehen.

Größere Futterhäuser kann man im Sommer mit Petunien, Hängegeranien oder Fleißigen Lieschen bepflanzen, wenn man die Randleisten erhöht und den Futterboden mit einer 5–8 cm hohen Torfschicht auffüllt. Unter der Torfschicht breitet man eine dünne Plastikplane aus, damit das Holz nicht fault und die Feuchtigkeit länger hält.

Das Dach des Futterhauses läßt sich variabel gestalten. Auf die Teerpappe kann man Birkenholz, Haselnußruten, Stroh- oder Schilfmatten nageln, letztere gibt es im Fachgeschäft (Samenhandlungen) fertig zu kaufen, sie müssen nur passend zugeschnitten werden. Der Giebel läßt sich durch große Tannen- und Kiefernzapfen verzieren, die von den Vö-

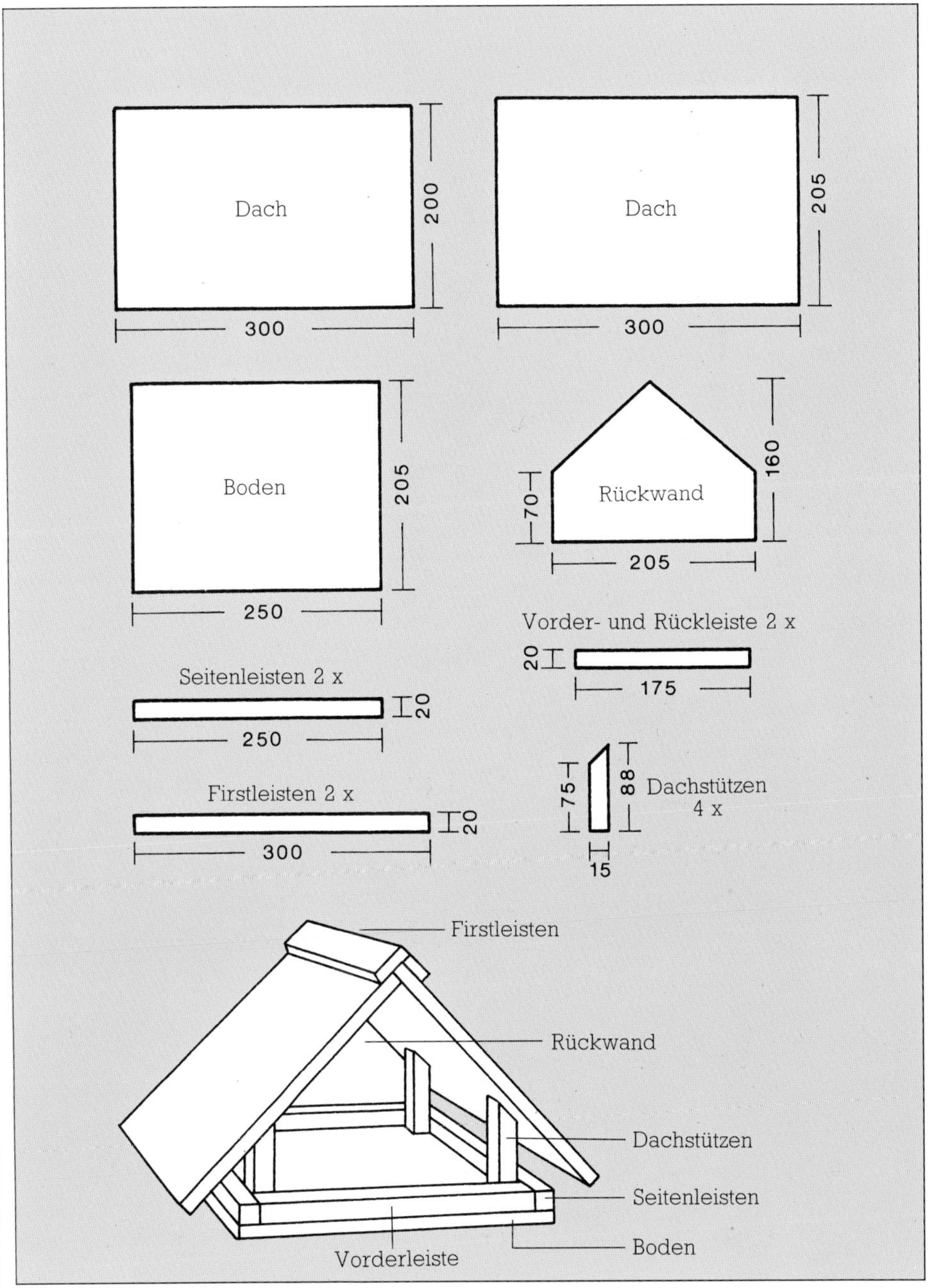

geln oft als Anflugspunkt benutzt werden. Auch Kiefern- und Fichtenzweige verschönern die Futterhäuser. Zur Brutzeit werden Futterhäuser öfter von Amseln, Rotschwänzchen und anderen Vogelarten als Brutplatz auserkoren. Fensterfutterhäuser bieten dem Vogelfreund die Gewähr, seine gefiederten Freunde aus nächster Nähe zu beobachten.

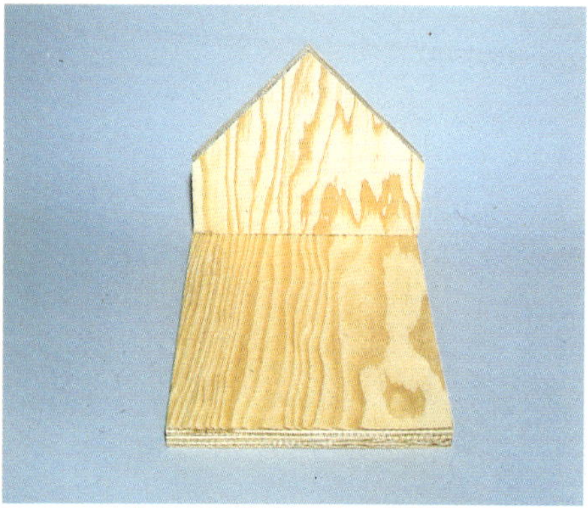

Zuerst wird die Rückwand auf das Bodenbrett aufgeleimt.

Dann setzt man die beiden Pfosten auf.

Anschließend wird das Dach auf die Pfosten und die Rückwand aufgenagelt.

Bauanleitung

Auch bei den Futterhäusern entscheiden die Holzart und die Materialstärke über die Haltbarkeit. Kleinere Futterhäuser kann man aus Tannen- oder Fichtenholz von 10–15 mm Stärke basteln. Größere Futterhäuser baut man besser aus wasserfest verleimtem Sperrholz oder Spanplatten vom Typ V 100 mit 20 mm Stärke.

Nachdem man zunächst alle Teile fertig geschnitten hat und durch Aufeinanderlegen der Teile festgestellt hat, ob alles paßt, beginnt man zuerst mit der Montage der Rückwand auf die Bodenplatte.

Die Flächen, die miteinander befestigt werden sollen, bestreicht man mit wasserfestem Leim (Propellerleim) und vernagelt sie jeweils mit einigen 40 mm langen Nägeln. Danach werden die Pfosten montiert. Damit die Nägel, die von unten durch die Bodenplatte geschlagen werden, besser sitzen, kann man ein Markierungsloch vorbohren.

Anschließend wird das Dach aufgesetzt. Bei Verwendung einer Rückwand wird das Dach hinten bündig aufmontiert, damit vorne ein größerer Dachvorsprung entsteht. Zuletzt befestigt man an allen offenen Seiten jeweils eine Seitenleiste von 10–20 mm Höhe, damit das Futter nicht herausfällt. Zusätzlich kann man die Seitenleisten und die Dachkanten mit halbierten Birken- oder Haselnußästen verblenden und damit dem Futterhaus ein schöneres Aussehen geben.

Das Dach wird zum Schutz mit Teerpappe bespannt. Auf diese Pappe kann man die gewünschten Gestaltungsmaterialien nageln, mit wasserfestem Leim kleben oder mit Längslatten befestigen. Dazu passend bastelt man einen Dreibeinbock aus Birken- oder anderem Holz, auf den eine Holzplatte genagelt wird. Auf dieser Holzplatte befestigt man das eigentliche Futterhaus mit Schrauben oder Nägeln.

Standort

Im Garten sollte man als Standort für das Futterhaus die Süd- oder Westseite aussuchen, damit schon das Haus ausreichend Schutz gegen kalte Nord- und Ostwinde oder gegen Regen- und Schneeschauer bietet. Auch überdachte Terrassen oder Balkone erfüllen diesen Zweck.

Werden Plätze in der Nähe von immergrünen Hecken, Büschen oder Nadelholzgruppen gewählt, ist zu beachten, daß die Futterhäuser mindestens 1,5–2 m vom äußeren Teil dieser Gebüsch- und Baumgruppen entfernt stehen, um böse Überraschungen durch Katzen, Hunde oder andere Tiere zu vermeiden.

Das gleiche gilt vor allem auch für Futterstellen am Boden, die man für Buchfinken oder Rotkehlchen einrichtet, da diese Vogelarten nur ungerne höhere Futterstellen anfliegen oder von stärkeren Vogelarten verdrängt werden. Immer sollte gewährleistet sein, daß der Vogel rechtzeitig anschleichende Feinde erkennen und ungehindert abfliegen kann. Ein großes Dach schützt außerdem das Futter und den Vogel gegen Regen, Wind und Schnee. Die größte offene Seite der Futterstellen zeigt am besten nach Süden oder Osten.

Futterhäuser am Haus oder auf Fensterbrettern sind so zu installieren, daß man ungehindert das Fenster öffnen kann, ohne das Futterhaus zu beschädigen.

Standorte an Tümpeln, Vogelbädern oder Plattenwegen sind zu vermeiden, da die Hülsen des Winterfutters (Sonnenblumen) schon in kurzer Zeit zu Verschmutzungen führen.

Hessisches Futterhaus

Die sogenannten Hessischen Futterhäuser sind von erfahrenen Vogelschützern entwickelt worden und werden schon seit Jahrzehnten verwendet. Überall dort, wo man einen größeren Garten, Parkanlagen oder Waldgebiete mit Vogelfutter beschicken will, bieten sich die Großraumfutterhäuser an. Man unterscheidet zwischen dem kleinen Hessischen Futterhaus, das auf einem Pfahl oder Kantholz, 70–90 mm Durchmesser, montiert ist, und dem großen Hessischen Futterhaus, das auf einem Gestell mit 4 Beinen aufgestellt wird. Die einzigen Unterschiede sind das Fassungsvermögen und die Größe des Futterhauses.

Beide Typen werden mit einer Glasschutzwand rundherum versehen und haben dadurch den Vorteil, daß bei Schneesturm oder bei schrägfallendem Regen das Futter nicht nur durch das Dach, sondern auch durch die Glaswand geschützt und trocken gehalten wird. Die

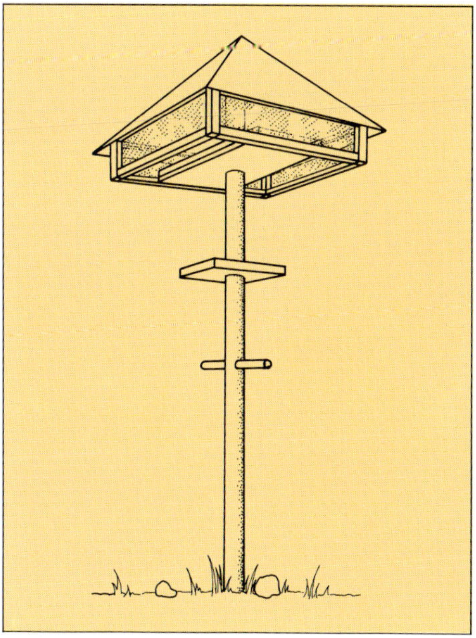

Kleines Hessisches Futterhaus.

Großes Hessisches Futterhaus.

Vögel fliegen von unten an und haben auf dem Futterboden viel Platz.

Als Glastyp sollte Blindglas Verwendung finden, das zwar das Licht noch genügend durchläßt, aber die Vögel beim Flüchten nicht verleitet, gegen die Scheibe zu fliegen. Der Nachteil ist, daß man die Vögel im Inneren nicht so gut beobachten kann. Hier bietet sich die Möglichkeit, einige Anflugstellen anzubringen, indem an die Leisten Kiefern- oder Fichtenzweige genagelt werden. So kann man den Vogel lange genug beobachten. Auf den kleineren Futterboden des großen Hauses streut man Weichfutter (Haferflocken, Kleie) für Rotkehlchen, Heckenbraunellen, Zaunkönige usw.

Das Dach sollte immer mit Teerpappe übernagelt werden, um die Haltbarkeit des Futterhauses zu verlängern.

Futterglocken — Futtergemisch

Diese Variation der Winterfütterung bietet jedem Vogelfreund die Möglichkeit, das Futtergemisch rationeller einzusetzen und auch schwachen, kleinen oder scheuen Vogelarten die Futterquellen zugänglicher zu machen.

An den meisten Vogelfutterhäusern dominieren Spatzen, Amseln oder Türkentauben, während die kleinen Vogelarten, darunter Kleinmeisen, Rotkehlchen, Zaunkönige oder Heckenbraunellen, meistens zu kurz kommen. Spatzen fliegen mit Vorliebe feststehende Futtermöglichkeiten an; bei den Futterglocken, die bei sachgerechter Anbringung hin- und herschwanken, finden sie sich nur zögernd oder gar nicht ein.

Als Behälter für Futterglocken dienen Blumentöpfe oder leere Dosen, die nicht schwer zu beschaffen sind. Auch leere Plastikcontainer von Blumentopfgröße sind geeignet. Diese Behältnisse werden mit einem Futtergemisch, das man selbst herstellen kann, gefült. Bevor das Futtergemisch, das im dickflüssigen Zustand eingefüllt wird, erkaltet, steckt man als

Futtergerät aus einem Blumentopf.

Anflugmöglichkeit bleistiftstarke Äste in die Futtermasse. Nach dem Erkalten sitzt der Ast fest im Gemisch.

Diese Futterglocken lassen sich am besten aufhängen, wenn man vor dem Einfüllen ein kleines Querholz, das an der Aufhängeschnur befestigt wird, vor das Wasserabzugsloch des Blumentopfes legt und die Schnur durch dieses Loch steckt. Der Faden sollte so lang sein (50 cm), daß das Gefäß richtig baumelt.

Das einzufüllende Futtergemisch wird wie folgt hergestellt: Man schmilzt in einem alten Topf Rindertalg oder salzfreies Fett und mischt zu gleichen Teilen Haferflocken oder Kleie und Sonnenblumenkerne dazu. Wer noch etwas Mohn, Rosinen und Nußstückchen oder getrocknete Wildbeeren hinzufügt, bietet seinen Vögeln etwas Besonderes. Alle überwinternden Vögel, die die Futterstellen besuchen, also sogenannte Körner- und Weichfresser, profitieren von diesem Futter, das wesentlich billiger ist als das gekaufte.

Futtergerät aus einer Blechdose.

Futterhölzer

Futterhölzer.

Auch Futterhölzer helfen Futter zu sparen und sind, wie die Futterglocken, hygienischer als Futterhäuser. Außerdem sind sie nicht nur für Meisen, sondern auch für Spechte besser geeignet.

Es gibt zwei Möglichkeiten, solche Futterhölzer herzustellen: Einmal kann man sich aus Kanthölzern (4 x 6 cm), die man beliebig lang (etwa 40 cm) absägt, die erforderlichen Hohlräume für das Futter herausfräsen oder bohren, oder man nagelt sich in entsprechender Größe solche Hölzer aus 1 cm starkem Holz zusammen.

Damit die Vögel gut anfliegen können, sollten mehrere kleine Querleisten angebracht oder die Vorderwand aufgerauht werden.

Am oberen Ende werden die Hölzer mit der Säge so zugespitzt, daß man darauf ein Spitzdach aus Blech oder Holz nageln kann. Eine Aufhängevorrichtung am oberen Teil der Rückwand sorgt für eine problemlose Anbringung an Baumstämmen oder Holzbalken. Das Dach kann 3–4 cm überstehen, damit das Futter etwas gegen die Witterung geschützt ist. Das Futtergemisch (siehe Futterglocken) wird warm in die Futterhölzer eingefüllt und hält meistens mehrere Wochen vor.

Futtersilo

Höhe: 300 mm
Breite: 120 mm
Tiefe: 120 mm
Bodenbrett: an Vorder- und Seitenwänden 40–50 mm überstehend

Diese Futtergeräte sind immer dann erforderlich, wenn man aus irgendwelchen Gründen das Futterhaus nicht täglich beschicken kann. Nichts ist gefährlicher für die Vogelwelt im Winter, als wenn man bei Kälte und Schnee die an die Futterstelle gewöhnten Vögel vergißt oder nicht weiterfüttern kann. Futtersilos in der oben angegebenen Größe reichen unter normalen Bedingungen aus, um

Futtersilo im Futterhaus.

Körner und Weichfresser mit Futter für etwa 1 Woche zu versorgen.

Das Bodenbrett, das an der Rückwand des Futterspeichers mit einem Verbindungsstück aus Holz oder Metall angeschraubt wird, sollte eine »Bodenfreiheit« zum Silo von etwa 10 mm aufweisen, damit auch größere Sonnenblumenkerne gut nachrutschen können. Um zu vermeiden, daß das Futter vom Bodenbrett abrutscht, umgibt man dieses mit einer Randleiste von 30 mm Höhe.

Eine in der Praxis bewährte Methode für den Garten ist der Einbau von Kunststoffrohren (Abwasserrohr) mit 80 bis 100 mm Durchmesser als Silo. Auch hier muß genügend Bodenfreiheit berücksichtigt werden, damit das Silo nicht verstopft. Oben müssen die Silos natürlich mit einem abnehmbaren Deckel versehen werden, damit das Futter trocken bleibt.

Futterbrett (Futterdach)

Breite: 600 mm
Tiefe: 400 mm
Pfostenhöhe: vorn 200 mm, hinten 150 mm

Futterbretter oder Futterdächer dienen im Garten oder auch in der freien Landschaft zur Futterversorgung von Vogelarten, die nur ungerne höhere Futterstellen anfliegen, z.B. Buchfink, Rotkehlchen, Goldammer und Lerche.

Futterbretter sollte man an windgeschützten Plätzen installieren und dafür sorgen, daß keine hohen oder dichten Büsche oder Bäume in der Nähe stehen, die als Verstecke für Katzen in Frage kommen. Im Umkreis von 2 m braucht der Vogel freie Sicht oder ungehinderten Abflug.

Für Vögel, die hier ihr Futter suchen, streut man am besten Haferflocken, Kleie oder getrocknete Wildbeeren (Rosinen) aus. Dreschabfälle, die man zur Erntezeit fast umsonst bei Landwirtschaftlichen Genossenschaften oder Mühlen bekommt, sind unter Futterbrettern in der freien Landschaft ein ideales Beifutter. Für diese Standorte sollte man auch größere Futterbretter aufstellen (1000 x 1000 mm, Pfostenhöhe 600 mm), damit auch größere Vogelarten, wie Fasan und Rebhuhn, genügend Platz haben.

Futterbrett für Feldvögel.

Für Greifvögel kann man sogenannte »Luderplätze« bauen, indem man die Futterbretter auf einen 1000 mm hohen Pfahl nagelt. Turmfalken und Bussarden kann man mit Fleischabfällen, die auf das Brett genagelt werden, in der Natur so über den Winter helfen.

Vogelbäder, Vogeltränken

Größere Vogelbäder können bepflanzt werden.

Eine Vogeltränke oder ein Vogelbad im Garten läßt sich am leichtesten mit Folie herstellen.

Damit die Folien-Vogelbäder auch möglichst lange halten, sollten Schwarzfolien von etwa 1 mm Stärke verwendet werden. Im Baustoffhandel oder in Fachgeschäften sind diese Folien sehr preiswert zu haben.

Zunächst sucht man sich eine Stelle aus, die gut vom Haus einzusehen ist, aber nicht von Katzen unbemerkt erreicht werden kann. Nun wird mit dem Spaten eine entsprechende Mulde ausgehoben und der Untergrund von Steinen und stärkeren Wurzeln gesäubert. Danach planiert man die Mulde und modelliert eine möglichst natürliche, also nicht kreisrunde Form.

Seichte Uferzonen verhindern, daß Jungvögel oder andere Tiere hineinstürzen und ertrinken.

Zuerst modelliert man die Form des Vogelbades und glättet den Boden.

Anschließend legt man die Steine auf und läßt Wasser ein.

Danach wird die passend geschnittene Folie aufgelegt.

In der Mitte kann die Vogeltränke 30–50 mm tief sein.

Wer ganz sicher gehen will, daß das Vogelbad nicht vom Untergrund her leck wird, setzt noch eine Schicht von 30–50 mm Sand auf den Untergrund (dann muß man aber entsprechend tief ausheben). Dadurch werden auch Wühlmäuse abgehalten, weiterzugraben, da die Gänge zusammenfallen. Anschließend wird die Folie aufgelegt und der vormodellierten Mulde angepaßt. An den Rundungen entstehende Falten können toleriert werden. Der Rand der Folie sollte die Muldenform etwa 200 mm überlappen. Die Randbreite wird mit Erde und zur Zierde mit größeren Steinen (Wackern) überdeckt. Bei kleineren Vogelbädern werden nur einige große Steine hineingelegt, die etwa 10 mm aus der Wasseroberfläche herausragen, um den

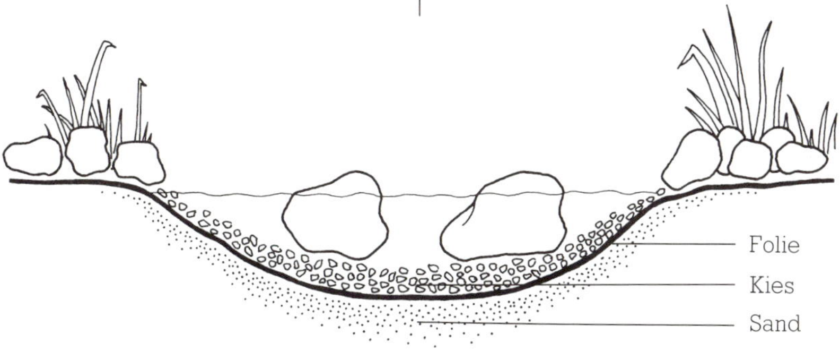

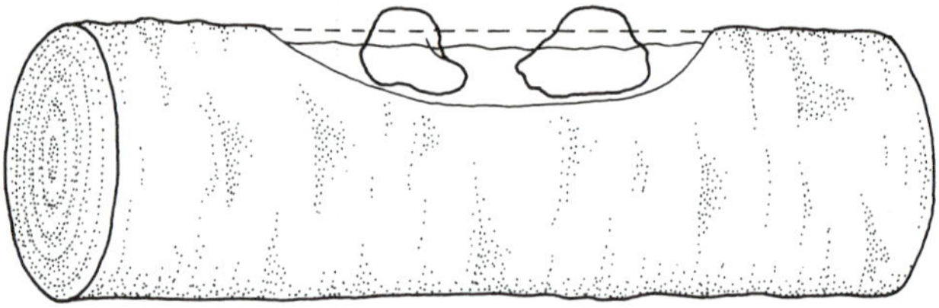

Vogeltränke aus einem Birkenstamm.

Vögeln als Sitzplätze zu dienen. Bei größeren Vogeltränken belegt man die Folie mit einer 30—50 mm starken Schicht aus feinem Kies, der zur Reinigung des Wassers beiträgt. Kleine Vogelbäder sind öfter zu reinigen. Bei warmem Wetter muß man das verdunstete Wasser ergänzen.